Johann Friedrich Reichardt

An das musikalische Publikum

seine französischen Opern Tamerlan und Panthee betreffend

Johann Friedrich Reichardt

An das musikalische Publikum
seine französischen Opern Tamerlan und Panthee betreffend

ISBN/EAN: 9783742890351

Hergestellt in Europa, USA, Kanada, Australien, Japan

Cover: Foto ©Thomas Meinert / pixelio.de

Manufactured and distributed by brebook publishing software (www.brebook.com)

Johann Friedrich Reichardt

An das musikalische Publikum

an das

muſikaliſche Publikum

ſeine

franzöſiſchen Opern

Tamerlan und *Panthée*

betreffend.

In Commiſſion

Das deutsche musikalische Publikum, das an einer glänzenden Unternehmung eines Landsmannes Antheil nahm, fängt an sich nach allen Seiten zu erkundigen, warum meine französischen Opern immer noch nicht aufgeführt werden?

Da nun ein Reisender, der aus Paris oder auch nur aus einer französischen Provinz kömmt, auf solch eine Frage nicht gerne die Antwort schuldig bleibt; so entstehen daraus so mancherlei höchst verschiedene Gerüchte, die meine Freunde und viele deutsche patriotische Kunstfreunde mehr beunruhigen, als mich selbst.

Ich halte es daher für billig, und, wenn gleich nicht für meine eigene Ehre und Beruhigung, doch für die Beruhigung jener, fast nothwendig, den ganzen Verlauf meiner pariser Sache aufrichtig und ganz zu erzählen.

Das Urtheil über die Thatsachen, von denen ich keine einzige wesentliche verschweigen, oder vergrössern, oder verringern werde, überlaß ich dem Leser.

Falsche Bescheidenheit soll mich auch nicht Umstände und Ausdrücke, die zu meinem Vortheile sprechen, unterdrücken lassen; sie gehören zum Ganzen der Sache. Auch habe ich höhere Begriffe von wahrer Ehre und wahrer Bescheidenheit, als daß ich in jene Ausdrücke, oder in ihrer Unterdrückung, einigen Werth setzen könnte. Unangenehm ist es immer von sich selbst zu sprechen: ist man dazu aber einmal gezwungen, so muß man auch für sich selbst ganz wahr seyn.

Jedermann weiſs es, daſs die berlinifche italiänifche grofse Oper, die ich feit zwölf Jahren dirigire, in den letzten Jahren der vorigen Regierung zu einer folchen Schlechtheit herabfank, daſs fie auch von keiner einzigen Seite mehr für den Künftler wahren Werth hatte. Der König fah fie gar nicht mehr.

Selbſtgewählte Kunſtbefchäftigungen gaben mir zwar Bildung und Erholung: aber der Kunſtgeiſt litt. Grofse Veranlaſſungen für meine Kunſt wurden mir Bedürfniſs; ich wollte länger nicht von den Umſtänden erwarten, was ich mir ſelbſt verfchaffen konnte, bat den König um Erlaubniſs, nach England zu gehen und erhielt fie im Februar 1785 auf fechs Monathe.

Ich will hier keine Erzählung machen von der äufserſt gnädigen Aufnahme des königlichen Hofes in London, von den grofsen im Pallaſt der Königinn veranſtalteten Aufführungen meiner Oratorien, von den Königlichen dem Künſtler ſchmeichelhafteſten Be-

Belohnungen, — das geschieht in meinen musikalischen Reisen die nächstens herauskommen.*

Im Junius ging der Hof ganz nach Windsor; die meisten meiner Bekannten gingen aufs Land; der Sommer fing an in London unangenehm zu werden. Ich faßte den Entschluß, nach Paris zu gehen, um dort die grofse Oper, das so verschrieene und wieder zum Himmel erhobene Ungeheuer, kennen zu lernen. Denn ich hatte damals durchaus keine andern Begriffe von der französischen Oper, als die uns Reisende und Rousseau, durch seine witzigen Spöttereien

---

* Der erste Theil soll bald erscheinen, unter dem Titel: *Briefe aus London, die Musik betreffend.* Ich glaube darinnen eben nicht verschweigen zu dürfen, dafs der König von England, die erste Wiederholung im Jahr 1785 von den grofsen Hendelsfesten des vorigen Jahrs, aus besonderer Gnade, für mich veranstalten liefs. Das genaueste Detail hievon, wie ich die Veranlassung dazu wurde, kann meinen deutschen Lesern nicht uninteressant seyn.

seien und Sakasmen, gegeben und die noch bis izt die meisten meiner Landsleute davon haben. Von einer Gluckischen Oper in französischen Kehlen und von ihrer ungeheuren Wirkung hatte ich keine Vorstellung: desto begieriger war ich aber auf die Bekanntschaft.

Ich meldete meinen Entschluſs dem Hofe nach Windsor und erhielt bald in einer sehr gnädigen Audienz die Erlaubniſs dazu. Der König und die Königinn äusserten aber beide den Wunsch dabei, daſs ich aus Paris zurückkehren, und, wenn ich für den Winter von meinem Könige neuen Urlaub erhalten könnte, für die Italienische Oper in London componiren möchte. Die Königinn gab mir einen Brief an den englischen Gesandten in Paris, den *Duc de Dorset* *, und so ging ich im Julio, ohne alle weitere Absicht, als dort zu sehen und zu hören, nach Paris.

---

* Ich fand den Duc *de Dorset* aber im Begriff, nach London abzureisen.

Der Herr Bailly *de Roullet* *, ein ächter Theaterkenner und Dichter, ein Mann vom feinsten Kunstsinn und Geschmack, der früh mit *Gluck* in *Italien* und in *Wien* lebte, für ihn die Iphigenie *en Aulide* und die *en Tauride* dichtete, und seiner *Alceste* französische Poësie unterlegte, der diesen grosen Reformator den Parisern zuführte und mit einem Enthousiasm, der ihm ewig Ehre machen wird, dort befestigen half, der auch noch neuerlich für *Salieri* die *Danaïden* dichtete, an den der Ritter *Gluck* meinetwegen geschrieben hatte, um mich zu sichern, dafs ich gerade in der Zeit, wenigstens einige seiner Opern gewifs zu hören bekäme, — der interessirte sich auch so warm dafür, dafs ich in zwey Monathen sieben verschiedene grosse Opern zu hören bekam, welches im Sommer etwas ungewöhnliches ist, und nur durch seinen grossen Einflufs bey der Direction und seine ganz intime Freundschaft mit dem eigentlichen Directeur, Herrn *Dauvergne*, zu

er-

---

* Maltheserritter und Bailly des Ordens.

erlangen war. Ich höre *Glucks Iphigenie en Aulide*, und *Armide*, *Les Danaïdes* von *Salieri*, *Didone* und *Iphigenie en Tauride* von *Piccini* und *Renaud* und *Chimene* von *Sachini*, welche drey lezten eben auf dem Theater waren. Alle genaue Erzählungen und Beschreibungen laſs ich für meine muſikaliſche Reiſen, nur das muſs ich auch hier ſagen: ich lernte an Glucks Opern eine Gattung kennen, von der ich keine Vorſtellung hatte, die an Groſsheit und ächtem Kunſtwerth alles, was man in Italien und Deutſchland und England ſieht und hört und denkt, ſo unendlich weit überſteht, daſs man nur durch die unbeſchreiblich groſſe und ganze pariſer Vorſtellung einer gluckiſchen Oper ſelbſt eine Idee von der einzig wahren groſſen Oper bekommen kann. Ich lebte ein neues Kunſtleben, und war an Paris und an die groſſe Oper gefeſſelt.

Gewohnt, nach jedem genoſſenen Meiſterwerk jeder Gattung eigene Entwürfe für ſolche Werke in der Seele zu gebähren, kreuzten ſich in meinem Innern hundert Entwürfe zu ſolch einer Oper. Eines Tags, eben ganz voll von der *Panthea*, dem herr-

li-

lichen Weibe, das *Xenophon*, und nach ihm *Schloſ-*
ſer, ſo überaus wahr und ſchön dargeſtellt hat,
kommt Herr *Berquin*, einer der beſten izigen franzöſiſchen Dichter, zu mir, und ich ſprech ihm davon. Es wirkt gewaltig auf ihn, und er verlangt,
ich möchte ihm einen Plan zu einer ſolchen Oper
aufſetzen. Ich thats, und ſchickte ihm den folgenden Tag meinen ziemlich ausführlichen Plan. Bald
darauf brachte er mir die erſte, von ihm ſelbſt er-
fundene höchſtglückliche Expoſitionsſcene. Das Le-
ben, die Wahrheit der Scene rührte mich ſo ſtark,
daſs ich mich gleich an die Arbeit ſezte und die
Ouverture und die erſte mit Chören durchwebte
Scene entwarf. Den Dichter und alle, denen ich
die Scene hören lieſs, frappirte ſie ſo, daſs ich mich
bald nirgend mehr in Paris ſehen laſſen konnte, ich
muſste ſie ſpielen und ſingen. Herr Bailly *de Roullet*
intereſſirte ſich vor allen andern dafür und drang in
mich, ſie auch dem Directeur der Oper, Hern *D..u-*
vergne, hören zu laſſen.

Herr *Dauvergne* war ehedem ſelbſt einer der beſten Componiſten für die groſſe franzöſiſche Oper,
hatte

hatte *Glucks* Werth bald erkannt, und seine Sache, Hand in Hand mit Herrn Bailly *de Roullet*, in Paris brav fördern helfen; welches seine Freundschaft mit Herrn Bailly *de Roullet* um so enger, und dieses Einfluß und Ansehen bey der Direktion um so grösser machte.

Izt hatte der König Herrn *Dauvergne* zum eigentlichen Directeur der Oper ernannt, und sein Urtheil ist entscheidend, wenn gleich der Form nach alles durch einer Committé, die aus den vornehmsten Gliedern des Theaters besteht, ausgemacht wird.

Ich liefs Herrn *Dauvergne* die Scene aus meiner *Panthée* hören, und er urtheilte, sie sey im Wahren grossen Opernstyl und würde grosse Wirkung auf dem Theater thun; er drang in mich und den Dichter *Berquin* die Oper zu vollenden und übernahm es ganz, dafs sie, sobald sie fertig wäre, von der Direction angenommen werden und gleich aufs Theater kommen sollte. Wir arbeiteten nun gemeinschaftlich mit grosser Lust an der Oper fort: und ob die *Panthea* gleich in den Händen des französchen Dichters eine ganz andere *Panthea* geworden, und für das französische Theater werden mufste, als *Xenophons*

phons und *Schlossers*, und als sie nach meinem Plan werden sollte, so ist das ganze Stück doch gewiß von grosser Theaterwirkung, und reich an poetisch-schönem Détail, auch von einer sehr schönen wohlklingenden Versifikation.

Der Unternehmer des *Concert spirituel* in *Paris* Herr *le Gros* hatte in dem *Concert* im *August*, ausser andern Instrumentalsachen von mir, auch *Chöre* aus meinem *64sten Psalm*, zu dem mir der junge Herr *Spalding* einen lateinischen Text sehr glücklich untergelegt hat, aufführen lassen, und sie hatten beim Publikum Wirkung gethan. In dem folgenden *Septemberconcert* sang *Madame St. Huberti* eine *italiänische Scene* von mir aus *Piramo e Thisbe*, und ein Stück aus meiner *italiänischen Passion*, das mit *Chören* durchwebt ist. Diese Stücke machten ausserordentliche Sensation, und meine Renommée war von Stund an in Paris gemacht.

Wenige Tage darauf wand sich ein Herr *De Leutre* an mich, ein Mann, der sich für Theater und Musik ausserordentlich interessirt und sagte mir: Herr *Morell de Mandenville*, ein Mann von grossen Ansehen und Einkommen, von unbegränztem Einfluſs bey Hofe und allen Hoffchaufpielen und bey der Parifer Oper, der bereits fünf Opern von feiner Dichtung auf dem grofsen Operntheater habe, nur als ein Mann von Stande nie feinen ganzen Nahmen, fondern nur ein M. auf das Buch fetzen liefs, (wie auch Herr *Bailly de Roullet* zu thun pflegt) der mir eben fo gut zwanzig als zehn taufend Livres für meine Oper bezahlen laſſen könne — Diefer mächtige Mann habe fchon verfchiedene Jahre ein vortrefliches Gedicht zu einer grofsen Oper liegen, das bereits *Sachini* und *Piccini* und mehrere franzöfifche Componiften vergeblich von ihm verlangt hätten, und wünfche nun, daſs ich es zu Componiren übernehmen möchte. Er rieth mir, gleich Ja dazu zu fagen. Ich bat um Herrn *Morells* und feiner *Oper* Bekanntfchaft.

In wenig Tagen ward ein grofses Souper veranftaltet, wobey ich Herrn *Morell* kennen lernte. Ich lieſs ihn meine *Scene aus Panthea* und einige *italiänifche Scenen* hören und er war davon eingenommen. Er trug mir felbft feine Oper an; ich bat mich das Gedicht lefen zu laſſen, und es ward zum nächften

Morgen in seinem Hause eine Zusammenkunft zu Lesung des Gedichts verabredet. Ich gestehe dafs Ich, nach alle dem was bisher in dieser Sache vorgegangen und nach der prächtigen Equipage des Herrn *Morell*, die früh des Morgens vor meiner Thüre stand, nicht die beste Erwartung von dem Gedicht hatte, und nicht ohne grofse Unruhe über die Verlegenheit und den Nachtheil für meine *Panthea*, in die mich ein schlechtes Gedicht eines so mächtigen Mannes setzen konnte, hinfuhr. Wie höchst angenehm wurde ich aber überrascht! Herr *Morell* las mir ein Gedicht, das mich im Innersten der Seele erschütterte und oft heifse Thränen vergiefsen machte. Es war Tamerlan. Ich bat mir das Gedicht aus: nahm es mit nach Hause, um es noch einmahl mit meinem lieben Weibe zu lesen, und componirte es schon in meinem Geiste.

Kaum dafs wir es noch einmal gelesen haben, kommt der Herr *Bailly de Roullet* zu mir und macht mir von Herrn *Morell* und der gesammten *Direction* den förmlichen Antrag die Oper zu Componiren. Ich hatte keine andere Einwendung als die von der

Panthea

Panthea, von der bereits der erste Act fertig geworden war und für deren Vollendung ich mir mit Herrn *Berquin* das Wort gegeben hatte. H. R. war auch darauf schon vorbereitet und versicherte die Operndirection wolle beide Opern mit Freuden annehmen. Nun liefs ich ein Wort von den *Conditions* fallen. H. R. versichert mich die Direction habe Herrn *Salieri*, Glucks Schüler, für seine Oper: les Danaides zehn tausend Livres und drei tausend Livres für die Reise bezahlt, überdem habe er von der Königin ein sehr ansehnliches Geschenk erhalten und zwey tausend Liv. gäbe jeder Verleger für die Partitur sehr gerne. Auf solche funfzehntausend Livres könnte ich wenigstens für jede Oper sicher rechnen, ja er könne mir im voraus die Versicherung geben, dafs die Direction für mich auch gerne mehr thun werde. Indefs rieth er mir freundschaftlich ich möchte auch von dieser Seite, so wie ichs als Künstler thäte, in Glucks Fufsstapfen treten, und davon eigentlich nicht ehe sprechen, als bis ich meine Opern fertig hätte.

Der Mann hatte sich von Anfang an aufserordentlich brav und freundlich zu mir genommen, und ist

wirklich

wirklich von jeder Seite ein ganz vorzüglich achtungswerther Mann, ich; folgte seinem Rath und sagte Ja, sagte in einer bald veranstalteten Zusammenkunft mit Herrn *Dauvergne* und *Morell* förmlich ja, erhielt von Herrn *Dauvergne* sein förmliches ja auch für meine *Panthea*. und arbeitete nun nach Lust und Stimmung an beiden Opern.

Von *Tamerlan* machte ich auch noch den ersten Act in Paris fertig und erhielt für jede neue Scene neuen gröfsern Beifall.

Es war nun schon Mitte *October* und ich sollte *Paris* verlassen, um in *Berlin* mein altes italienisches Opernflickwerk für das *Carneval* zu besorgen. Meine Abreise wurde mir doppelt schwer gemacht durch ein Billet von dem Minister von *Vaudreuil*, das ich einige Tage vor meiner Abreise empfing, worinnen er mir meldete: die Königin, die bisher theils durch das Beziehen des neuen Lustschlosses St. Cloud theils durch die Inoculation des Dauphins, verhindert worden wäre mich zu sehen, liefse mich durch ihn einladen nach Fontainebleau zu kommen, wohin der Hof eben im Begrif war zu gehen. Ich

mußte

mufste aber nothwendig nach Berlin; ich hatte mich
darauf verlassen, dafs der englische Hof wohl selbst
dazu thun würde, durch den sehr braven und beim
englischen Hofe sehr beliebten preufsischen Gesandten den Herrn *Grafen* von *Lusi* einen neuen Urlaub
bei meinem Könige für mich auszuwirken, erhielt
aber im *October* erst die Nachricht von ihm, dafs
das nicht geschehen sei und nun war das Berliner
Carneval zu nahe um selbst noch einen Versuch dazu
wagen zu dürfen. Ohnerachtet alles dringenden Zu-
redens meiner Freunde, die mir sehr beredt vorstell-
ten, wie gefährlich es sey bei so glänzend angefange-
ner Cariere Paris zu verlassen und meinen mächtigen
Feinden und Neidern, bei dem sehr leichtsinnigen
pariser Publikum, das nur an dem gegenwärtigen
Genufs hängt, freies offnes Feld zu lassen; wie *Gluck*
selbst mit alle seinen grofsen Verdiensten, seinem
Ruf, seiner Unterstützung vom Hofe, seinen mächtigen
Freunden und Verfechtern, seinem grofsen imponi-
renden Genie in allen seinen Aeufserungen und Hand-
lungen, dennoch ein ganzes Jahr in Paris ausdauren
mufste, ohne dafs seine Oper, die er fertig hinbrachte,

B wirklich

wirklich aufgeführt wurde; und ohnerachtet diese ungeheure Sensation machte, er doch noch mehrere Jahre in Paris seyn und arbeiten musste, um sich so festzusetzen, dass seine Gegner Lust und Hofnung verlohren ihn zu verdrängen — ohnerachtet alles dessen wollte ich meiner Pflicht nicht untreu werden, und reiste gegen Ende des Octobers von Paris ab. Noch an dem Tage meiner Abreise musste ich mich für meine enthusiastischen Freunde zu einer Morgenzusammenkunft bey Herrn *Morell* verstehen, wozu verschiedene seiner Freunde von Hofe und einige von der Oper eingeladen waren, um beym Fortepiano die Parthien in den Chören zu singen. Der erste Act meines *Tamerlans* wurde mit Enthusiasm gesungen und angehört, und ich verliefs endlich die Gesellschaft und Paris voll Erwartung grofser Dinge.

Ich müfste hier mehr auseinander setzen, als ich selbst es thun kann und mag, wie sehr die Direction und Herr *Morell* meine Arbeit als eine wichtige Sache für sich und das pariser Publicum ansahen und behandelten, und wie dieses Publicum, das zwar von Anfang an äufserst zuvorkommend und artig für mich für mich als fremden Künstler war, nun, sobald ich für die grofse Oper arbeitete, sich mit Enthusiasm für mich interefsirte; wie ich Besuche und Einladungen erhielt von den angesehendsten Standesperfohnen, an die ich nie empfohlen gewesen und die ich oft selbst nie in andern Häusern gesehen hatte; wie ich in mehreren der ersten Häuser so ganz nach meinem Willen war, wie wir es bey uns nur mit den allervertrautesten Freunden sind; wie mir endlich von allen Seiten her durch angesehene Damen und durch angesehene Dichter selbst mehrere Opern zu Componiren angetragen wurden — um es hier ganz fühlen zu machen, wie mir damals keine Ahndung von nothwendiger schriftlicher Sicherheit mit der Direction kommen konnte.

In der Mitte des Novembers kam ich aus jener grofsen fast idealischen Kunstwelt nach Berlin und flickte und verstümmelte eine alte Haffische Oper und meine eigene alte Arbeit in der Artemisia, für neue Sänger. Man kann sich leicht denken, dafs mir dabei wenig freier Sinn und Muth für meine französische Arbeit blieb. Während dem Carneval bat ich

B 2 den

den König um neuen sechs monatlichen Urlaub und erhielt ihn. * Den letzten Tag des Carnevals, den 24 Januar 1786 gieng ich nach Hamburg, um dort im

---

* Ich war von der Gewifsheit meiner ganzen Sache so überzeugt, dafs ich dem Könige ausdrücklich meldete: ich verdiene mit den beiden Opern dreifsig tausend Livres, und erhielt hierauf dieses in mehr als einer Rücksicht merkwürdige Cabinetsschreiben. „*Seine Königliche Majestät von Preufsen Unser allergnädigster Herr, ertheilen Dero Capellmeister Reichard, auf seine Anzeige vom 10ten dieses die gnädige Erlaubnifs auf 6 Monathe nach Paris zu gehen.* Jedoch mufs Er wohl wissen, dafs dreitausend Livres nur ungefehr acht hundert Thaler unsers Geldes machen, davon wird er eben nicht reich werden. und hat er dieses wohl zu überlegen. Potsdam den 11ten Januar 1785. *Friderich.*" Der König hatte nemlich dreytausend Liv. gelesen. Der Herr Marquis Luchesini übernahm es das Mifsverständnifs mündlich aufzuklären.

im lieben mütterlichen Haufe, das meine Familie während meinen Reifen freundlich barg, mit freierem heitern Sinn meine franzöfifche Arbeit zu vollenden.

Nach *Paris* meldete ich dem Herrn *Morell* und Herrn *Bailly de Roulet* meinen erhaltenen Urlaub und bat mir nach Hamburg wiffen zu laffen, welche Oper man zuerft aufführen wolle — denn noch arbeitete ich an beiden — und zu welcher Zeit ich am beften in *Paris* einträfe: auch verfprach ich während der Zeit meines Urlaubs beyde Opern fertig zu machen, denn ich weifs was ich mit freiem Sinn im glücklichen Kreife meiner Lieben zu leiften vermag.

Ehe ich nicht meines neuen Urlaubs gewifs war mochte ich nicht nach Paris fchreiben, ohnerachtet Herr *Berquin* mir einige mal fchrieb und auch die letzten Acte feiner Oper nachfchickte. Herr *Bailly de Roullet* fchrieb deshalb in der *Mitte des Januars* an mich, bezeigte in feinem Briefe, der fich mit dem meinigen unterwegs kreutzte, feine, *der Direction* Herrn *Morells* und Herrn *Berquins* grofse Unruhe über mein Stillfchweigen, fchilderte mir mit
den

den lebhafteſten und ſchmeichelhafteſten Ausdrücken wieviel man dort von mir erwartete und welche großse Aufnahme ich in *Paris* für mich und meine Opern zu erwarten hätte; beſchwor mich bey Allem, die ſo glücklich angefangene Arbeit ja nicht unvollendet zu laſſen u. ſ. w.

Kaum war ich in Hamburg, ſo kam auch die Antwort des Herren *Bailly de Roullet* auf meinen Brief, voll Freude über meinen Entſchluſs ſo bald wieder hinzukommen und meine Opern fertig zu machen. Er meldete mir nun ausdrücklich, es ſey zwiſchen Herrn *Daurergne* Herrn *Morell* und *ihn*, folgende Verabredung genommen, und dieſe beiden hätten es ihm ausdrücklich aufgetragen mich davon zu benachrichtigen. „Da nun eben *Temiſtocle* von Herrn *Morell* und *Philidor*, (eine Oper die im vorigen Jahr in *Fontainebleau* gegeben wurde) auch auf dem Pariſer Theater gegeben werden ſollte, und die Königin auch wieder Glucks *Alceſte* auf dem Theater haben wolle, die einige Jahre geruht habe, auch für *Verſailles* Goſſecs Chöre zur *Athalie* einſtudirt würden und Sänger und Orcheſter damit ſehr beſchäftige wären,

wären, so könnten die Proben von meinen Opern nicht ehr als *Ende Merz* angehen; ich selbst käme also Zeit genug wenn ich nur bis zum *zwanzigsten Merz* gewiß in *Paris* wäre. Es sey bestimmt, daß *Tamerlan zuerst* gegeben werde, daß die *Ostervakanz* ganz zu den Proben davon angewandt und das Theater mit meinem *Tamerlan nach Ostern wieder eröfnet werden sollte.* Damit dieses alles desto sicherer bis dahin ausgeführt werden könne, möchte ich die *Partitur* von allem was fertig sey, sogleich unter der Adresse des Postintendanten *Monsieur de la Ferté* nach *Paris* schicken, die Copisten sollten alsdann sogleich anfangen die einzelnen Parthien auszuschreiben. Für meine zweite Oper *Panthea* könne er mir die Zeit der Aufführung zwar nicht so genau bestimmen, indeß habe sich Herr *Dauvergne* genug darüber zu ihm geäussert, daß er mir wohl versichern könne, es sollten während meines Aufenthalts in *Paris* nicht bloß einige Proben davon gehalten werden — wie ich in meinem Briefe gewünscht hatte — sondern die erste Vorstellung davon sollte auch noch wohl in der Zeit zu Stande kommen." Dieses alles stand in dem vier

B 4   Seiten

Seiten langen Briefe mit dem liebenswürdigsten Enthusiasm eines alten Kunstfreundes noch einmahl, als in der Seele des Schreibers selbst, wörtlich wiederholt.

Noch im Februar schickte ich *drey Acte* meines *Tamerlans* nach *Paris* und versprach den Vierten im *Merz* mitzubringen, machte ihn auch wirklich in *Hamburg* noch fertig, reiste mit den letzten noch nassen Bogen im Wagen ab und kam den *drei und zwanzigsten Merz* in *Paris* an.

Kaum hatte ich dem Herrn *Bailly de Roullet* meine Ankunft wissen lassen, war er selbst bey mir, fuhr sogleich zu Herrn *Morell* und *Dauvergne* meine Ankunft zu melden und noch für denselben Mittag ward ein Diner bey Herrn *Morell* veranstaltet, wo ich alles, was mich in meiner Opernsache interessirte beysammen fand. Herr *Dauvergne* allein fehlte, weil er den Mittag selbst Gäste hatte. Der ganze Tag bis in die Nacht ward mit meiner Oper zugebracht, und alles war davon entzückt.

Mich hatte der Umstand, dass meine drey Acte vom *Tamerlan* noch ganz so wie sie angekommen waren auf Herrn *Morells* Schreibtisch lagen anfänglich

lich verstimmt, der allgemeine Enthusiasm belebte mich aber bald wieder und ich kam den Abend sehr froh mit der allgemeinen Zufriedenheit nach Hause.

Nun verging die ganze Woche fast kein Tag, daſs nicht immer neue Zusammenkünfte und Diners veranstaltet wurden; ich hätte mich todt singen müſſen, wenn ich mich ihrem Enthusiasm hingegeben hätte; ich trieb nur immer die Partitur dem Copisten zu überliefern. Nun sollten aber die Sänger der Oper die im Anfange noch täglich mit Temistocle, der immer noch nicht aufgeführt war, beschäftigt waren, erst ihre Rolle probiren, ob auch für ihre Stimmen, die ich das erste mahl genau hatte kennen lernen, nichts daran zu ändern sey, und dann sollten wieder erst Leute von Hofe, die nicht immer von Versailles nach Paris kommen konnten, und die nur einzelne Scenen, von mir gesungen, gehört hatten, die ganze Oper von den Sängern selbst einmal hören, ehe sich Herr *Morell* entschließen konnte, die Partitur dem Copisten auszuliefern. — Zu all dem wurden wieder neue Zusammenkünfte und Diners veranstaltet. Ich hatte die neue Freude, daſs die Sänger mit ihren

Parthien sehr zufrieden, und nur sehr wenige Noten in den Recitativen zu ändern waren.

Endlich bracht' ichs denn dahin, daſs in der dritten Woche die Partitur in des Copiſten Hände kam. Wie erſchrack ich aber, da der nun anfing von zwey Monathen Zeit zu ſprechen, die ſeine Leute nöthig hätten, alle die Singeparthieen für die Acteurs, und für die groſse Anzahl Chorſänger und ihre Lehrer, deren jeder eine kleine Partitur erhält, und für das ſehr groſse Orcheſter auszuſchreiben. Mit allem möglichen Drängen und der Verſicherung, die Königinn wolle nächſtens eine Probe in Verſailles hören; bracht' ichs endlich dahin; daſs ſie mir zuſagten, in vier Wochen ſo weit zu ſeyn, daſs wir die Proben anfangen könnten.

Nun ſprach ein jeder von der Unmöglichkeit, das Theater nach Oſtern mit meinem *Tamerlan* zu eröfnen, ſo als wenn mir nie von der Möglichkeit, vielweniger von der wirklich-beſtimmten Verabredung, etwas geſchrieben wäre. Der erſte Sänger, *Cheron*, der den *Temiſtocle* und auch meinen *Tamerlan* ſingen ſollte, wurde krank und *Temiſtocle* konnte

nicht

nicht vor Oftern, ja nicht einmal gleich zur Eröffnung des Theaters nach Oftern gegeben werden. Herr *Philidor* drang aber auf die erfte Vorftellung, und liefs endlich einen andern Sänger die Rolle des *Temiftocle* fingen.

Nun kam die Nachricht, der *Erzherzog Ferdinand* aus *Mailand*, Bruder der Königinn, würde im *May* nach *Paris* kommen, und es würden vermuthlich für ihn groffe Opern in *Verfailles* gegeben werden. Herr *Morell*, der zu feinen Opern immer mehr Aufwand und Pracht fordert, als die Operndirektion aus ihrer Caffe zu beftreiten Luft hat, verlangte auch zu der Krönung des jungen *Solimans*, mit der die Oper *Tamerlan* fchliefst, groffe prachtvolle Decorationen und Aufzüge. Eine neue groffe Ausgabe verurfachte fchon das türkifche Coftume der Oper, da gar keine türkifchen Kleider in der Operngarderobe vorräthig waren, Herr *Morell* auch alles neu gemacht haben wollte. Man fafste alfo die Idee, unfre Oper müffe zuerft auf dem groffen *Hoftheater* zu *Verfailles* vorgeftellt werden, bey dem die gröfsten Koften zur prachtvollften Vorftellung nie gefcheut werden, weil der Hof die

Deco-

Decorationen und *Kleider* bezahlt, und solche hernach zum *parifer Opernmagazin* geliefert werden.

Ich war unterdefs durch den *Grafen d'Offun*, der die Concerte der Königinn anordnet und dirigirt, der ein feiner Kenner der Mufik und felbft Dichter ift, und der fich vom Anfang an fehr für meine Opern intereffirt hatte, der Königinn vorgeftellt und von ihr fehr gnädig empfangen. Einen Tag, da ich in *Verfailles* bey dem *Grafen d'Offun* fpeifte, traf ich da auch den *Duc de Villequier*, der für das Jahr der dienfthabende *Chambellan de la Reine* war, und als folcher die *Direction* über die *Hoffchaufpiele* hatte. Nach der Tafel fagte er mir, die Königin fey Willens, meine Oper *Tamerlan* für ihr *Hoftheater* zu wählen, es würden aber nicht eher groffe Opern bey Hofe feyn, als im *October* und *November* in *Fontainebleau*, wenn ich bis dahin dortbleiben könnte, fo wäre die Sache gemacht. Ich fagte ihm, mein Urlaub reichte nur bis zum Ende des *Julii*, und ich dürfte auf keine Weife es wagen zum drittenmale um neuen Urlaub zu bitten. Auch fagte ich ihm, man hätte mir Hofnung gemacht, es würden im *May*

und

und *Junius* für den *Erzherzog* grosse Opern in *Versailles* aufgeführt werden, und man würde wohl dazu meinen *Tamerlan* wählen. Der *Duc de V.* versicherte mir aber, der *Grofsherzog* habe ausdrücklich alle besondere Festivitäten verbeten, und der König habe bereits erklärt, dafs dergleichen nicht seyn würden. Ich versprach dem *Duc de V.* in den nächsten Tagen in Paris bey ihm zu seyn, um darüber weitere Abrede zu nehmen: ich sollte Herrn *Dauvergne* bey ihm finden.

Nun man einmal sah, dafs die Königinn sich gnädig zu mir äusserte, Scenen von mir in ihren Concerten singen liefs, ja ich selbst *italiänische Scenen* für ihre Stimme komponirte und diese in ihren Concerten selbst dirigirte; und da das bekannt wurde, dafs die Königinn meine Oper für *Fontainebleau* haben wollte, so sah es die Direction und Herr *Morell* für eine ganz unmögliche Sache an, die Oper eher in Paris zu geben. Bald hatte ich hierüber bey dem *Duc de Villequier*, der sich als ein sehr billiger freundlicher Mann bey der Sache benahm, eine sehr lebhafte Scene mit

Herrn

Herrn *Dauvergne;* ich liefs in feiner Gegenwart dem
Duc die Briefe lefen, die er mir durch Herrn *Bailly
de Roullet* hatte fchreiben laſſen, erklärte dem *Duc*
ausdrücklich, dafs ich bey folchen Umftänden auf
die Ehre, in *Fontainebleau* vorgeftellt zu werden,
Verzicht thun müſſe, und beftand gegen Herrn *Dauvergne* auf mein Recht, *fogleich* in *Paris* vorgeftellt
zu werden. Herr *Dauvergne* erklärte mir, er fey
damit zufrieden, der *Duc de V.* übernahm auch fchon
die Vermittelung, dafs die Oper deshalb doch nachher in *Fontainebleau* gegeben werden könne. Herr
Dauvergne rechnete mir nun aber fehr kalt und ordentlich vor, dafs wegen *Themiſtocle,* der fich durch
Umftände fo lange verzögert hatte, wegen *Cherons*
Krankheit, und wegen der *Oftervacanz,* während der
die Sänger theils aufs Land gingen, theils mit dem *Concert fpirituel* befchäftigt wären, und wegen dem *Copiften,* der, wie er dabey blieb, nothwendig zwey Monathe
Zeit haben müſſe, ohnmöglich ehe als Anfangs Junius
die erſte Probe von meinem *Tamerlan* gehalten werden könne. Er berief fich felbft auf den gegenwärtigen *Duc de Villequier,* der auch eine groſſe Oper

eines

eines gewissen Herrn *Langlé*, für die er diesem schon seit vielen Jahren seine Protection versprochen hatte, probirt haben wollte, daſs die aber auch nicht ehe, als nach der Meinigen, probirt werden könne und solle. Auf mein Vorhalten, daſs ich ja auf seinen eignen Ruf, in der übelsten Jahreszeit, mit doppelten Kosten Tag und Nacht schon *im März* nach *Paris* gereist sey, weil er mir ausdrücklich schreiben lieſs, die Proben sollten noch im *Merz* angehen, und das Theater *nach Ostern mit meiner Oper geöfnet werden*, erwiederte er ganz gelassen: *Herr Bailly de Roullet* habe das im Grunde bestimmter geschrieben, als er es gemeint habe, und die Umstände änderten die Sache. Wenn ich alle die Hindernisse, die während der Zeit, da der Brief geschrieben worden, dazwischen gekommen, wegräumen könne, so wär' er es sehr zufrieden, daſs meine Oper gleich aufgeführt würde, denn er wäre mehr und gründlicher davon überzeugt, als irgend ein andrer, daſs meine Oper ein Meisterstück (*Chef-d'œuvre*) sey, und es interessire keinem mehr, als ihn, daſs meine Oper aufs Theater käme, weil er überzeugt sey, daſs sie grosse

Sensa-

Senfation machen und der Caffe Vortheil bringen werde. Die Einladung, meine Oper felbft in *Fontainebleau*, und als eigentlich für den Hof beftimmt, aufführen zu laffen, follte ich ja nicht fo unbenutzt laffen, es fey die gröfste Ehre, die mir in Frankreich wiederfahren könne; ich könnte ja izt, vor Verlauf meines Urlaubs nach Berlin zurückreifen, und dafür einen neuen Urlaub für den Herbft fordern. Ich fagte ihm, es fey mit unferm Könige nicht fo leicht zu halten, und es wäre fchon ein unerhörtes Glück, dafs ich zwey Jahre hintereinander einen fo anfehnlichen Urlaub erhalten hätte. Auch rechnete ich ihm die immer neuen und gröffern Ausgaben vor, die mir eine folche vierfache Reife und der ganz verlohrne Aufenthalt in Paris verurfachten, da man mir von Seiten der Direction noch nicht einmal eine fchriftliche Verficherung, in Anfehung der Bezahlung, gegeben. Darauf erwiederte Herr *Dauvergne* mit Achfelzucken: *ah point de guerre fans argent* (ohne Geld führt man nicht Krieg), und was meine Bezahlung für die Opern felbft anbelange, deshalb müfse ich mich an den *Minifter von Breteuil* wenden.

wenden. Nun riſs meine Geduld aus. Herr *Dau-*
vergne bekam alles zu hören, was ein Mann von lebhaftem gekränktem Gefühl und von Muth in einer ſo fatalen Lage nur immer ſagen kann.

Meinem Gefühl nach hätt' ich nun meine Oper den Augenblick ins Feuer werfen müſſen, und ein Gelübde thun, nie wieder mich mit dem pariſer Operntheater abzugeben, und ich kann wohl geſtehn, daſs in dem Augenblick einzig und allein ökonomiſche Gründe mich davon abhielten; dem anſehnlichen Gewinn hatte ich einmal ſeine gute Beſtimmung zugedacht, und ich hatte auch ſchon zu viel Geld für die Sache verreiſt und in Paris ausgegeben. —

Den folgenden Tag hatte ich eine Zuſammenkunft mit dem *Grafen d'Oſſun* und Herrn *Morell*, die alles, was Herr *Dauvergne* geſagt, ſehr natürlich und billig fanden. Sie thaten indeſs ihr Mögliches, mir vorzuſtellen, wie die Oper zu ihrer ganzen groſſen Wirkung nothwendig zuerſt in *Fontainebleau* vorgeſtellt werden müſſe; wie man es der Direction unmöglich zumuthen könne, die groſſen Koſten, die man vorher nicht ſo recht überdacht, für die Sommerſaiſon an die Oper zu wenden, wo die Einnahme immer ungewisser sey, als im Winter und Frühling; wie das grosse eigentlich werthentscheidende Publikum im Sommer gar nicht in *Paris* sey; wie Herr Morell in eine kleinliche zusammengestoppelte Vorstellung seines besten Werks unmöglich einwilligen könne; wie es doch wirklich die gröfste Ehre sey, die mir auf dieser Welt wiederfahren könne, wenn meine Oper in *Fontainebleau* zuerst aufgeführt würde; wie ich dadurch besondern Gewinn durch Hofgeschenke erlangen würde; wie sie sich bey Herrn *de la Ferté*, der der Geschäftsmann des Ministers *von Breteuil* sey, und dergleichen Geschäfte eigentlich mache, dahin verwenden wollten, dafs mir eine billige Schadloshaltung für die vergebliche und doppelte Reise ausgezahlt würde; wie es also, da mich die häufigen Nachrichten von der Lebensgefahr meines Königes so beunruhigten, und ich doch ohnedem so sehr wünsche, bey der wichtigen Regierungsveränderung in Berlin zu seyn, das beste wäre, dafs ich durch den längeren Sommeraufenthalt in Paris meine Ausgaben nicht noch vermehre, allenfalls nur noch den May über dabliebe, mit den Sängern und dem Orchester einige Proben hielte, damit sie dann weiter für sich studiren und probieren könnten, und dafs ich dann nach

nach Berlin zurückginge; und im *September* zu den Proben für *Fontainebleau*, die alsdann mit dem eigentlichen *Königlichen Hoforchester* zu halten wären, wieder in Paris zu seyn suchte. Wollte ich hierinnen einwilligen, so stände mir der *Graf d'Ossun* und Herr *Morell* heilig dafür, daſs auch nicht das Geringste weiter dazwischen kommen sollte, und daſs die Oper sogleich, wie sie nur in *Fontainebleau* aufgeführt wäre, auch noch in demselben *Monath* in *Paris* aufgeführt werden sollte. Wegen der ersten Proben wollten sie dann auch dafür sorgen, daſs Herr *Dauvergne* sogleich Zeit und Ort dazu bestimmen sollte.

Die *Direction* und Herr *Morell* waren nun einmal in sich bestimmt und einig, daſs meine *Oper* zuerst in *Fontainebleau* gegeben werden müsse, das war unverkennbar, wie konnt' ich also anders, als einwilligen? Jedoch fügte ich noch die Bedingungen hinzu, daſs mir der *Duc de Villequier* einen Brief mitgäbe, den ich meinem Könige zeigen könnte, worinnen er ausdrücklich bestimme, daſs die Königin meine Oper *Tamerlan* für ihr Hoftheater verlange, daſs auf diesem nicht ehe, als im *October* grosse Opern in *Fontainebleau* aufgeführt würden; daſs meine Oper, einmal fürs Hoftheater bestimmt, nicht vorher in Paris gegeben werden könne; und daſs die Königin wünsche, daſs mein König mir im *September* einen *neuen Urlaub* für den Winter geben möchte. Die pariſer Operndirection ſollte mir ebenfalls eine ſchriftliche Verſicherung geben, daſs meine Oper *Tamerlan* ſogleich, wenn ſie in *Fontainebleau* aufgeführt wäre, auch in Paris gegeben würde, und meine andre Oper *Panthea* auch alsdann unfehlbar angenommen und aufgeführt würde; auch müſſe mir meine Bezahlung für die Opern ſelbſt in der Verſchreibung geſichert werden.

Man ſagte mir alles zu, bis auf den letzten Punkt, wegen dem erſt, wie wegen der angetragenen Schadloshaltung, Unterhandlungen mit dem Herrn *de la Ferté* gepflogen werden müſsten.

Nun hielt ich Proben, theils einzelne mit den Sängern, theils mit den *Chören* und einem Theil des *Orcheſters* im *kleinen Theater*, im *Magazin de l'Opera* und zuletzt auch im *groſsen Operntheater*.

Herr *Morell* und *Dauvergne* waren der Meinung, wir thäten beſſer, wenn wir, der *italiiiniſchen Parthie* wegen, die, wie ſie meinten, in *Verſailles* und *Paris* gewaltig gegen mich kabaliſirten, die Probe ſo wenig als möglich öffentlich hielten, ſondern auſser dem *Duc de Villequier* und dem *Grafen d'Oſſun*, die von Seiten des Hofes dabey zu ſeyn hatten, und den Herrn von der *Operndirection* niemand in die Probe lieſsen.

Da

Da es ganz von dem Dichter und Componiften abhängt, wer in die Probe eingelaffen werden darf, fo konnten wir das wohl ausführen. Von meiner Seite nahm ich nur die bravften einheimifchen und fremden Componiften und Gelehrten aus, an deren Beobachtung und Urtheil vom Effect meiner Arbeit mir gelegen war; und habe mein Verfprechen, aufser diefen niemanden hinein zu laffen, fo ftreng gehalten, dafs ich fogar der Familie des *Duc d'Orleans*, die durch ein Billet von mir den Eingang in meine Proben verlangte, folchen durch ein Gegenbillet abgefchlagen habe. Herr *Morell* konnte den Hofleuten und Damen nicht fo ganz widerftehen und hat deren mehrere hineingelaffen.

Das allgemeine Urtheil von Mufiker, Dichter und Critiker war, dafs alles, was Gefang und Chöre und Inftrumentalparthie anbelange, in meiner Oper unverbefferlich fey, dafs ich aber in den drey abwefend gearbeiteten Akten das Recitativ nicht *franzöfifch* genug gehalten hätte, es fich da mehr zum *italiänifchen* Recitativ hinneige, als im erften Akte, und als es für die franzöfifche Sprache und Nazion gehöre; Wollte ich das an verfchiedenen Stellen umarbeiten, fo könnte meine Oper nicht anders, als den höchften Erfolg in Paris haben. Das verfprach ich fehr gerne

und

und hab es auch wirklich mit sehr geringer Mühe geändert. Meine eigene Beobachtung gab mir noch, dafs für Chorsänger, von denen kaum ein Viertel musikalisch ist, die Chöre in den Modulationen zu schwer und überhaupt zu gearbeitet waren, und dafs auch einige schnelle Ausweichungen, an die das Orchester gar nicht gewöhnt zu seyn schien, so vortrefflich und einzig es auch in seiner Art ist, dem Effect schadeten: und ich habe auch dieses sehr leicht geändert. Herr *Dauvergne* war der Einzige, der behauptete, ich dürfe nichts daran ändern, die Oper würde so ganz, wie sie da stände, die gröfste Wirkung thun.

Der *Duc de Villequier* versprach mir nach einer solchen Probe, ich sollte das nächste mal, dafs ich nach *Versailles* käme, den verlangten Brief von seiner Hand haben; Herr *Morell* sagte mir von Seiten des Herrn *de la Ferté*, mit dem er mich schon vorher bekannt gemacht hatte, die projectirte Schadloshaltung für meine Reisen zu, Herr *Dauvergne* ebenfalls die verlangte Verschreibung von Seiten der *Direction*. Herr *Bailly de Roullet* hatte auch die Güte zu veranstalten, dafs in den nächsten Tagen eine *Comité* von der Operndirection zusammenberufen wurde, um das Gedicht des Herrn *Berquin* anzuhören und förmlich

auf-

aufzunehmen; welches vorher geschehn mußte, eh mir der förmliche Auftrag es zu Componiren gegeben werden konnte. Dies geschah wirklich in wenig Tagen: Herr *Berquin* las der *Comité* in meiner Gegenwart seine *Panthée* mit grofsem Beifall vor, sie wurde als angenommen, in die Bücher eingetragen, und mir der Auftrag gegeben sie zu Componiren.

Einige Tage darauf erhielt ich auch in *Versailles* von dem *Duc de Villequier* den verlangten Brief von seiner eigenen Hand, worinnen er auch ausdrücklich verlangte, ich sollte ihm im *August* die bestimmte Nachricht geben, ob ich im *September* nach *Paris* kommen könne, damit die Liste der Hofschauspiele für *Fontaineblau* nicht zu spät eine Lücke erhalte. Der Brief war übrigens nicht ganz in solchen bestimmten Ausdrücken abgefafst wie die Abrede damals genommen wurde, indefs war er doch wohl hinlänglich mich bei meinem Könige zu rechfertigen und mir den neuen Urlaub auszuwirken.

Nun waren noch die Verschreibung der Operndirection, und die Schadloshaltung an Gelde zurück. Ich hatte denen Herrn berechnet und bewiesen, dafs, aufserdem, dafs ich meine so schön angefangene Carriere in *London* für die *französische Oper* aufgeopfert, auch bereits zu den Reisen hin und her, und zu dem

zweyzweimaligen fehr koftbaren Aufenthalt in Paris auf Wechfel aus London und Hamburg in Strasburg und Paris bereits über *fechs taufend Livres* gehoben, ohne dem Gelde fo ich aus Berlin und Hamburg wirklich mitgenommen. Nach langem hin und her Debattiren geftand mir die *Direction* endlich *hundert Louis* (2400 Liv.) zu und zahlte fie mir gegen einen Revers, dafs ich fie in Rückficht der Oper *Tamerlan* empfinge, wirklich aus.

Eines Tags da ich mit Herrn *Sachini*, dem Componiften und Mufiklehrer der Königin in Einem Wagen nach *Verfailles* zum *Concert der Königin* geholt wurde, erfuhr ich fehr zufällig von diefem, dafs ihm die *Operndirection* die *Penfion*, die er, der *drey Opern* auf dem *Theater* hatte zu verdienen anfing, nicht zahlen wolle weil er nicht den gewöhnlichen Gang *

der

---

* Meinen deutfchen Lefern mufs ich hier eine Idee geben von dem gewöhnlichen Gange. Nach einem *Arret du Confeil d'état du Roi contenant Réglement pour l'Academie Royale de Mufique*, (fo nennt fich die grofse Oper in Paris) vom 13 Merz 1784, 33 Seiten ftark, welches ein anderes Arret vom 30 März 1776 beftätigt und erweitert, foll der Componift einer Oper, die die

Dider Componiſten gegangen, ſondern ſeine Opern mit einer vorherbeſtimmten Summe ſich habe bezahlen laſſen. Sein Berufen auf *Gluck*, den man für ſeine Opern zuletzt noch einmal ſo viel als ihm, auch in beſtimmten Summen bezahlt habe, und demohngeachtet noch immer die Penſion bezahle, hülfe ihm nichts, weil man *Gluck* als den groſsen Reformator in allem als eine Ausnahme anſähe. (und das, wie ich

Direction annimmt, von jeder der zwanzig erſten Vorſtellungen zweihundert Livres bekommen, von jeder der folgenden zehn Vorſtellungen ein hundert funfzig, und von jeder der nachfolgenden zehn Vorſtellungen ein hundert, nach dieſen vierzig Vorſtellungen eine Gratification von fünfhundert Livres und dann weiter ſo lange und ſo oft die Oper noch ſein Lebelang gegeben wird von jeder Vorſtellung ſechzig Livres. Endlich ſoll jeder Componiſt der *drey Opern* auf dem Theater hat, eine lebenslange Penſion von tauſend Livres erhalten, dieſe Penſion ſoll für jede folgende Oper, die derſelbe Componiſt aufs Theater bringt, mit fünfhundert Livres, und für die ſechſte mit tauſend Livres erhöht werden. Dieſe Penſion ſoll er auf Lebenszeit zu genieſsen haben, wenn er ſich auch weiter gar nicht mit der Oper abgiebt.

ich glaube, von Rechtswegen!) Er fagte mir dabey, er habe für jede feiner Opern zehntaufend Livres erhalten, hätte er aber den gewöhnlichen Weg eingefchlagen, würd' er, wenigftens von den beyden Opern *Renaud* und *Chimene* fchon vielmehr eingenommen haben. Auch würd' er es gewifs gethan haben, hätte man ihm vorher etwas davon merken laffen, dafs eine beftimmte Bezahlung der Penfion nachtheilig werden könne.

Ich fprach darüber in Paris mit Herrn *Morell* und allen meinen Bekannten. Alle riethen mir zu dem gewöhnlichen Wege, und einige von der Direction berechneten mir genau, dafs felbft *Gluck*, der zuletzt zwanzigtaufend Livres für eine Oper erhalten, itzt fchon von drey feiner Opern weit mehr erhalten haben würde, wenn er den gewöhnlichen Weg eingefchlagen wäre. Es läfst fich diefes wohl denken, die Oper wird im Winter viermal, und im Sommer dreimal die Woche gegeben, und während meines ganzen zweiten dreimonatlichen Aufenthalts in Paris ift faft gar keine andre *gröfste Oper* gegeben, als *Glucks* beyde *Iphigenien*, feine *Alcefte* und *Armide*.

Für mich fafste ich hierüber den Entfchlufs es bis zur Aufführung meiner Opern unentfchieden zu laffen.

Der

Der gewönliche Weg blieb mir ohnedem, und wenn *Sachini* als Lehrer der Königin es dahin brachte, daſs man ihm seine Pension zahlte, so wollt' ich sie neben der bestimmten Bezahlung, die mir, da ich nicht in Paris blieb, doch lieber war, auch wohl erhalten. *Sachini* starb aber einige Monate nach meiner Abreise.

Auch blieb mir noch übrig die schriftliche Versicherung von der Operndirection zu erhalten. Erst behauptete Herr *Dauvergne*, ich müſte vorher die schriftliche Versicherung des *Duc de Villequiers* in Händen haben, denn die Direction müsse sich darauf beziehen. Nun hatt' ich diese, und er sagte mir jene unbedingt zu. Wohl acht Tage hab ich vergeblich darauf gewartet, endlich drang ich sehr ernstlich darauf, und er versprach sie mir auf Stund und Minute für den nächsten Tag, ich könnte den sicher zu meiner Abreise bestimmen; das that ich, weil ich nichts weiter in *Paris* zu erwarten hatte, und mein Logis, wofür ich Acht Louisneuf monatlich bezahlte, auch eben für den Monat zu Ende gieng. Die Pferde waren bestellt; ich gieng zu ihm, erhielt aber von neuem die Ausflucht, die Versicherung müsse durchaus von der gesammten Comité unterschrieben seyn, sonst hülfe sie mir nichts; diese aber zusammen zu beru-

berufen fey noch keine Stunde, frey gewesen, übermorgen käme sie aber zusammen, und dann sollte die Verficherung gewifs ausgefertiget werden. Ich sagt' ihm meine Pferde wären bereits auf heute bestellt; er versicherte, ich könne ganz ruhig fahren; sollte ihm nur die Adresse für den nächsten Ort, wo ich mich aufhalten würde, geben, und er würde sie mir gewifs mit der nächsten reitenden Post nachschicken. Ich fah' wohl, mit wem ich zu thun hatte, gab ihm indefs meine Adresse auf *Carlsruh*, habe da auch mehrere Tage gewartet und Bestellung zurückgelassen, aber nichts erhalten. Dieser Herr *Dauvergne* ist übrigens ein siebenzigjähriger Mann, mit eisgrauem Kopf, hat eine Frau und erwachsene Kinder, und einen Orden, den ihm der König für seine grossen Verdienste um die Direction der Oper gegeben, und den nur wenige Gelehrte und Künstler von den ausgezeichnetsten Verdiensten erhalten!! — —

Ende Junius kam ich wieder nach *Hamburg*, und wollte dort den Gang der Sachen in Berlin bis zum Verlauf meines Urlaubs abwarten. Da man mir Anfangs August die tödtliche Krankheit des Königs aus Berlin meldete, schrieb ich an den *Duc de Villequier*, dafs ich hofte, im *September* in *Paris* zu seyn. Noch vor Ende des *Augusts* kam aber die Nachricht von

dem

dem Tode des Königs, und nun eilte ich mit Kurierpferden nach Berlin, um meinem neuen Könige meine Schuldigkeit zu bezeigen.

Der König empfing mich gleich den Tag meiner Ankunft äufserst gnädig, und gab mir auf die fchmeichelhaftefte Weife mündlich den Auftrag, eine *Trauercantate* zu dem grofsen Leichenbegängnifs zu componiren; der Herr *Marquis Luchefini* war bereits mit dem lateinifchen Gedicht dazu befchäftigt. In fieben Tage und Nächte machte ich die Cantate fertig, meldete dem Könige, dafs fie fertig fey, meldete zugleich meine Lage mit der parifer Oper. Ich geftand dem Könige frei, dafs meine bisherige Reifen nach *Italien*, *England* und *Frankreich*, die ich unternommen, um mich für ihn in meiner Kunft zu vervollkommnen, mir bis izt zwar Ehre und Kunftgewinn verfchaft, von der andern Seite mich aber auch in Schulden gefetzt hätten, dafs ich izt den erften Geldgewinn von der parifer Oper erwartete, dafs es mir aber unendlich fchwer würde, ihm izt um Urlaub für Paris zu bitten und Berlin zu verlaffen, weil ich endlich hofte, das längfterfehnte Ziel erreicht zu haben, von ihm für meine Kunft ganz befchäftigt zu werden; und erhielt darauf einen neuen Urlaub für *Paris:* nur follte

ich

sollte ich bis zu dem grossen Leichenbegängnisse (den 9. September) in Berlin bleiben, und meine Cantate dabey dirigiren. Ich erhielt auch die Direction über beyde Orchester des Königs, das bisherige Königliche und Kronprinzliche, den Befehl aus beiden Ein Orchester * zu formiren und ging mit dem hiesigen Orchester nach Potsdam um dort die Proben zu halten. Die Aufführung übertraf meine Erwartung weit und ich kann wohl gestehen, dafs dieses die erste Musik von meiner Arbeit war, die ich so ganz vollkommen nach meinem Sinne aufführen hörte, dafs mir auch nicht das Geringste zu wünschen übrig blieb. Der König bezeigte mir auch nach

---

* Auf meine Anfrage wie ich mich bey dieser Vereinigung in Ansehung der Rangordnung zu verhalten habe, hatte der König die Gnade mir die folgende sehr gnädige ganz eigenhändig geschriebene Antwort durch einen reitenden Boten nach Potsdam nachzuschicken.

„*Als mein Capellmeister haben sie die Direction über alle meine Musici. Benda bleibt bey der ersten Violine, Duport beym ersten Violoncell alle Uebrigen rangiren nach ihrem Talent.*

Berlin, den 5 Sept. 1786.

Friedrich Wilhelm.

nach der Aufführung seinen Beyfall auf die schmeichelhafteste Weise, und beschenkte mich mit *hundert Fridrichsd'or.* Auch erhielt ich aus dem Munde des Königs die gnädige Erlaubniſs noch denselben Tag der Aufführung nach *Paris* gehen zu können, indeſs sollt' ich gegen den Monath *Februar* wieder in Berlin seyn, weil der König meinte im *Februar* nach geendigter Trauer noch *eine Oper* zu haben.

Ich reiste wirklich noch denselben Tag ab; obgleich ich mir durch die groſse Erhitzung und häufige Erkältungen bey den Proben und mancherley nothwendigen Besorgungen und bey der Aufführung selbſt eine sehr starke Diaré zugezogen hatte, die ich durch nächtliches Reisen noch vermehrte. Es war aber nothwendig wenn ich noch zu rechter Zeit für *Fontainebleau* in *Paris* seyn, und meine Familie vorher in *Hamburg* sehen wollte. Hier nahm das Uebel so überhand, daſs ich mich schon darum aufhalten muſste: ich reiste indeſs wiewohl nicht ganz davon befreit weiter über *Braunschweig*; da nahm es von neuem zu, und weiter auf dem Wege wurde es ruhrartig, so daſs es mich auſserordentlich angriff und mir den Muth benahm in der Jahreszeit einer solchen tumultuarischen Welt wie Paris, und einem so erhitzenden und von mancher Seite ärgerlichen Geschäft

schäft entgegen zu reisen. Ich kehrte zurück, kam mit meiner Familie im *October* nach *Berlin*, und beschlofs, da von der sehr kurzen Urlaubzeit nun schon so viel verlohren gegangen war, lieber für das Jahr mein eignes Parifer Geschäft, als etwas für meinen neuen König zu versäumen. Um desto lieber, da der König bei meinem Abschiede in *Potsdam* die gnädige Frage an mich that: zu einer neuen Oper ist die Zeit bis Februar wohl zu kurz? und auf meine Antwort: dafs wenn der König die Gnade hätte mir das Sujet zu einer neuen Oper nach *Paris* mitzugeben oder nachzuschicken, ich dort sehr gerne daran arbeiten wolle, mir der König die gnädige Erlaubnifs gab, vom Wege oder von Paris aus an Ihn zu schreiben, und daran zu erinnern; welches ich auch vom Wege that.

Nun meldete ich dem Könige, der in Schlesien war, meine Krankheit und Rückkehr, und dafs, während alle seine Lande laut den so glücklichen Anfang seiner Regierung feierten, ich mich im Stillen damit beschäftige für ihn ein Te Deum zu componiren, durch dessen Aufführung bey seinem ersten Kirchgange in *Berlin*, wenn er von all seinen Huldigungen zurückkehren würde, die Königliche Capelle ihre Freude zu bezeigen wünsche. Der König hatte die Gnade mir in einem eigenhändig unterzeichneten

Cabinets-

Cabinetsschreiben hierauf zu antworten: *daß Se. Majestät selbst einen Tag zur Aufführung des Te Deums bestimmen würden.*

Von Berlin schrieb ich nun auch an die Operndirection nach Paris, meldete die wahre Lage der Sache, daß Krankheit mich verhindere mein Versprechen zu erfüllen und im October zur Vorstellung meines *Tamerlans* in *Fontainebleau* und *Paris* zu erscheinen, und bat mir bald die Versicherung zu geben, daß ich dem *Hofe* und der *Direction* im nächstkommenden Jahre eben so angenehm kommen würde. Um mich in Paris und Berlin für alle falsche Auslegung meines Zurückbleibens zu sichern, bat ich Herrn *Duport*, unsern grosen Violoncellisten und Lehrer des Königs, meinen Brief mit einem Briefe von seiner Hand an seinen alten Freund *Dauvergne* zu begleiten, und gab ihm meinen Brief an die *Direction* deshalb unversiegelt zum Einschlusse; habe auch von ihm die Versicherung erhalten, daß er meine Bitte erfüllt und in seinem Briefe an Herrn *Dauvergne* meine Krankheit bestätigt habe. Indeß habe ich durch Herr *Duport* keine Antwort auf meinen Brief erhalten, auch nicht weiter erfahren ob er von seinem Freunde *Dauvergne* Antwort erhalten hat oder nicht. Zu meinem grosen Erstaunen erhielt ich aber durch den preuſſiſchen Agenten, Herrn *Greve*, in Hamburg, den 13 Oktober einen vom 21 Auguſt datirten Brief von dem Herrn *Duc de Villequier* *, worinnen dieſer mir ſchreibt: er bedaure ſehr, daſs ich mich ſo ſpät gemeldet, in Ermangelung der Gewisheit von meiner Hinkunft ſei er gezwungen geweſen eine andere Oper auf die Liſte für *Fontainebleau* zu ſetzen. Das war, wie ich hernach erfuhr, die Oper des Herrn *L'Anglé* für die der Duc ſeit vielen Jahren ſchon ſeine Protection zugeſagt hatte.

Von *Hamburg* aus hatte ich dem Könige von England, dem ichs zugeſagt alles was ich im groſsen Styl Componiren würde zu überſchicken, die Partitur meiner Trauercantate zugeſchickt, und zugleich dem Könige meine neue Reiſe nach Paris gemeldet. Drauf hatte mir der König nach Paris ſchreiben laſſen, daſs ihm die Trauercantate Vergnügen mache, und daſs er wünſche ich möchte von Paris ſelbſt nach London hinüber

---

* Bekanntlich iſt ein Brief von Paris nach Berlin nur zehn Tage unterwegs; dieſer Brief war über fünf Wochen alt.

hinüber kommen. Diefen Brief vom 18 October erhielt ich den 17 November in Berlin, da ich eben im Begrif war ins Concert des Königs zu fahren. Der König fchien die Idee zur Oper für diefen Winter verlaffen zu haben, auch eben keine grofsen Mufikaufführungen bey Hofe veranftalten und befördern zu wollen; meine Freunde liefsen fich durch mancherley Gerüchte beunruhigen — all dies beftimmte mich zu dem Entfchluffe dem Könige die Einladung vom Könige von England zu melden. Der König hatte die unerwartete Gnade in meine Reife nach England, ohnerachtet eines eben von mir angekündigten Concert fpirituels, fogleich einzuwilligen und mir einen Urlaub bis zum Monath Junius zu ertheilen, um meine Parifer Opernfache zugleich beendigen zu können.

Diefen erhaltenen Urlaub meldete ich fogleich nach London und Paris, und bat mir von beyden Orten nach Düffeldorf hin zu melden, zu welcher Zeit ich am beften dort einträfe. Da ich die Schwierigkeiten einer Sommervorftellung in Paris nur zu gut kennen gelernt hatte, fo erklärte ich ausdrücklich, dafs ich bereit fey, zuerft nach Paris zu kommen, im Fall es für die Aufführung meiner Opern vortheilhafter fey; nur verlangte ich die beftimmtefte

Antwort, in Anfehung der Zeit, wenn meine Oper wirklich aufgeführt werden follte.

Aus London erhielt ich in Düffeldorf die Antwort vom zwölften December: Der Hof würde, der eingefallenen Trauer wegen, erst in der Mitte des Februars nach London kommen, ich thäte deshalb beffer, zuerst nach Paris zu gehen, und im Merz, oder auch fpäter, nach London zu kommen: dem Hofe wäre es gleich.

Von *Paris* erhielt ich in *Düffeldorf* nur einen Brief von Herrn *Berquin*, der nichts Beftimmtes enthielt. Ich fchrieb von dort noch einmal an Herrn *Morell* um *Ja oder Nein*; beftellte die Antwort nach *Carlsruh*, wohin mich ohnedem ein liebes deutfches Nationalgefchäft zog, und reifte dem Briefe entgegen. Nach vierzehntägigem Warten in *Carlsruh* erhielt ich Herrn *Morells* Antwort vom zwölften Februar. Herr *Morell* fchrieb mir äufferft verbindlich und fchmeichelhaft über meine Opern und über die Erwartung, die er und Paris von mir hätten. Bewiefs aber mit einem Auffatze des Herrn *Dauvergne* *, den er beylegte, dafs das Oper-theater

---

* Diefes ift das einzige Blatt, fo ich von Herrn *Dauvergnes* eigner Hand je erhalten, und felbft

das

theater gegenwärtig so besezt und beschäftigt sey, daſs vor Ende May gar keine Proben von meiner Oper möglich wären. Dann sollte ich aber dort eintreffen, und dann wollten sie mir die Zeit der Aufführung genau bestimmen. Meine Oper würde dann auch gewiſs für Fontainebleau gewählt werden *, und ich würde also allen Vortheil und Ehre, so ich im vorigen Jahre durch so mancherley Umstände verfehlt habe, in diesem Jahr erhalten. Da war ich nun wieder mit der Direction auf demselben Sande, von dem ich mich im vorigen Jahre so mühsam losgearbeitet hatte.

Ich schrieb Herrn *Morell* zurück: Er wiſſe ja, wie es mir im vorigen Jahre in Paris ergangen, und könne mir es unmöglich verdenken, daſs ich mich nicht noch einmal in solches Labyrinth verwickeln laſſen wollte; ich wäre fest entſchloſſen, mich mit der Pariſer Operndirection durchaus nicht ehe weiter einzu-

---

das ist ohne seines Nahmens Unterschrift, und an Herrn *Morell*, nicht an mich, gerichtet.

* Wohin der Hof auch dieſes Jahr, wie immer, erſt im October geht.

einzulaffen, als bis fie mir eine ganz beftimmte fchriftliche Erklärung und Verficherung über die Zeit der Auffführung und über meine Bezahlung zufchickte. Müfste ich mich durchaus wieder zu der Vorftellung in Fontainebleau bequemen, fo war es mir doch ganz nothwendig, vorher völlig und beftimmt zu wiffen, dafs meine Oper wirklich auf der Lifte für *Fontainebleau* ftände, eh' ich es auf irgend eine Weife wagen könnte, meinem Könige wieder von meinen franzöfifchen Opern und von neuem Urlaub zu fprechen. Er wiffe ja, dafs mein iziger Urlaub nur bis zum Junius ginge.

Nach *London* fchrieb ich meine Lage mit Paris, und liefs nur auf den Fall, dafs ich mit den Parifern auf einen beftimmten Fufs käme, meine Hinüberkunft von Paris aus erwarten. Denn fo befchwerlich und koftbar die Reife nach England durch Deutfchland und Holland ift, fo äufferft angenehm und leicht ift fie's von Paris aus; dem Hofe ift übrigens jede Jahrszeit gleich, und mir blieb dabei noch die Hofnung, eben zu der Zeit der groffen Hendelfchen Mufikfefte in London zu feyn, die mich dort von Seiten der Kunft vorzüglich intereffiren.

So steht nun meine Sache. Bis izt, den zehnten April 1787, da ich dieses schreibe, bin ich nicht um einen Schritt weiter damit, und dies bewegt mich vorzüglich zur öffentlichen Bekanntmachung dieser Nachricht, die nichts, als die allerstrengste buchstäblichste Wahrheit enthält.

Auch werd' ich diesen Auffatz, sobald er gedruckt ist, ohn' alles Bedenken an Herrn *Berquin* nach *Paris* schicken, und ihm, der deutsch liest, und für seinen *Kinderfreund* vieles von *Campen* und andern übersezt hat, es ganz überlassen, ob er ihn ins französische übersetzen und drucken lassen will.

Von allen genannten Personen habe ich gewiss keinen einzigen gegründeten Einwurf, aber wohl Dank für meine Mäßigung zu erwarten.